juin 1906

COLLECTION

C. COQUELIN

COLLECTION

C. COQUELIN

CONDITIONS DE LA VENTE

Elle sera faite au comptant.

Les acquéreurs payeront *dix pour cent* en sus des enchères.

Paris. — Imp. Georges Petit, 12, rue Godot-de-Mauroi. — 16010-06.

CATALOGUE

DES

TABLEAUX

MODERNES

PAR

BASTIEN-LEPAGE, BERNE-BELLECOUR, BOLDINI, BONVIN
BOUDIN, CAZIN, COROT, DAGNAN-BOUVERET
DELASALLE, DIAZ, FANTIN-LATOUR, FRIANT, GIRARDOT, HELLEU
LEBOURG, LE SIDANER, LUIGI-LOIR, MEUNIER, ROLL
PH. ROUSSEAU, ALMA-TADEMA, THAULOW, ETC.

PASTELS, AQUARELLES, DESSINS

PAR

A. BESNARD, CAZIN, BÉTHUNE, DETAILLE, FORAIN
LÉVY-DHURMER, MAD. LEMAIRE, RENOUARD, THAULOW, ETC.

Composant la

Collection C. COQUELIN

ET DONT LA VENTE AURA LIEU A PARIS

GALERIE GEORGES PETIT

8, RUE DE SÈZE, 8

Le Samedi 9 Juin 1906, à 2 heures

COMMISSAIRE-PRISEUR	EXPERT
Mᵉ PAUL CHEVALLIER	M. GEORGES PETIT
10, rue Grange-Batelière, 10	12, rue Godot-de-Mauroi, 12

EXPOSITIONS

PARTICULIÈRE : *Le Jeudi 7 Juin 1906, de 1 heure 1/2 à 6 heures*
PUBLIQUE : *Le Vendredi 8 Juin 1906, de 1 heure 1/2 à 6 heures*

Tableaux Modernes

BASTIEN-LEPAGE

N° 1

Orage sur la plaine.

Un chemin qui serpente à travers la plaine ; et, au-dessus du sol, un ciel obscurci dont les nuages versent des trombes d'eau. Sur le chemin, un chemineau s'avance à grands pas.

Signé à gauche, en bas : *J. Bastien-Lepage, Damvillers.*

Toile. Haut., 58 cent.; larg., 80 cent.

BERNE-BELLECOUR

N° 2

Au bastion.

Signé à gauche, en bas : *E. Berne-Bellecour, 72.*

Panneau. Haut., 27 cent. 1/2 ; larg., 18 cent. 1/2.

BOLDINI

N° 3

Un Joueur de trombone.

Signé à gauche, vers le bas : *Boldini.*

Panneau. Haut., 42 cent.; larg., 33 cent.

BONVIN

N° 4

La Vieille servante.

Elle est assise, un gros livre ouvert sur les genoux. Elle est vêtue de noir, et porte un tablier bleu à bavette. Près d'elle, sur une table, dans une corbeille, des bas bleus et de la laine à repriser. A droite, un seau de cuivre. Elle tient ses besicles de la main droite.

Signé à droite, en bas : *F. Bonvin, 1884.*

Toile. Haut., 45 cent.; larg., 31 cent. 1/2.

BONVIN

N° 5

Les Enfants de chœur.

C'est pendant le prêche. Près du lutrin, sur le pupitre duquel est ouvert un antiphonaire in-folio, les enfants de chœur, vêtus de rouge, sont assis. Ils sont cinq. Les deux premiers se laissent aller à un sommeil bienfaisant. Le troisième, tournant la tête de face, regarde le public. Les deux autres, les yeux en dessous, causent à voix basse en se dissimulant.

Signé à gauche, en bas : *1856, F. Bonvin,* avec cette dédicace : *A mon ami Gil-Perez.*

Toile. Haut., 27 cent.; larg., 35 cent.

BONVIN

N° 6

L'École.

La religieuse est à sa chaire, couverte d'un tapis rouge. Autour de la classe, les fillettes, en robe brune et bonnet noir, sont assises sur les banquettes basses et tiennent un livre ouvert sur leurs genoux. Au milieu de la classe, une des élèves est debout devant la chaire.

Signé à droite, en bas : *F. Bonvin, 1875.*

Panneau. Haut., 23 cent. ; larg., 32 cent.

BOUDIN

N° 7

Le Havre.

Signé à droite, en bas : *E. Boudin, 94.*

Panneau. Haut., 40 cent.; larg., 32 cent.

BOUDIN

N° 8

Le Port d'Anvers (Tête de Flandre).

L'embouchure de l'Escaut, large, avec des milliers de petites vagues à la crête brodée d'une mince écume. Les steamers, les paquebots, les sloops de pêche et les barques s'agitent à sa surface, glissent, se croisent, les voiles gonflées de vent, les cheminées refoulant d'épais nuages de fumée. A droite, au fond, près des quais, toute une flotte est amarrée. Au haut des mats, des pavois agitent leurs flammes bariolées. Au-devant du ciel bleu, des nuages s'envolent, gris et blancs, en un tohu-bohu tragique, où l'œil d'un observateur se plaît à découvrir des formes incessamment variées.

Signé à droite, en bas : *E. Boudin, 76, Anvers.*

Toile. Haut., 69 cent.; larg., 98 cent.

CAZIN

Depuis l'heure tragique de la mort du grand artiste, en ce coin de Lavaudou où il s'en était allé chercher le calme et le recueillement, on n'avait pas vu passer en vente des œuvres si importantes de lui. Et voici que l'admirable série de tableaux réunis par un des amateurs qui surent, dès le début, admirer le génie du maître, nous fournit l'occasion d'étudier sommairement ce que fut son idéal, ce que fut son mode d'interprétation de la nature.

On a prononcé, à tort, à mon sens, des noms de peintres à côté du sien; tout essai de comparaison, de rapprochement, me semble vain ; Cazin était *lui-même*, avec une extraordinaire intensité de personnalité ; sa matière, sa manière, ses préparations, qui sont souvent des chefs-d'œuvre, lui appartiennent en propre et révèlent l'admirable sûreté de son art. Quant à son inspiration, je ne crois pas qu'un artiste, si ce n'est Corot, l'ait suivie avec plus de fidélité, plus d'unité, et ne l'ait développée plus magnifiquement, sans arrêt, sans stagnation, avec une volonté plus manifeste de s'élever toujours. Il a aimé les aubes et les crépuscules, les petites chaumières dominant les falaises, les plaines, les landes, les plages abritées, où la vague déferle sans fracas ; il n'a pas été le narrateur claironnant du bruit ; il est l'apôtre de la mélodie ; il s'émeut devant les ciels où le soleil ne transparaît qu'à travers l'ouate des nuées, où la lune, dans une lumière atténuée, dessine son petit croissant aux reflets argentés ; il s'émeut devant le mur au crépi rude, percé d'une fenêtre éclairée, qui semble un œil de feu dans le soir qui tombe ; autour, c'est le grand silence ; parfois, un grillon vibre parmi les meules ; très loin, très loin, un chien aboie, dont le vent apporte la voix presque imperceptible ; mais il y a, dans ce sommeil des choses, et sur ce sommeil, une flamme qui veille, la petite lampe dont le vacillement rouge met un regard fauve derrière les vitres. Et c'est une mélancolie poignante dans cette nature, dont le peintre a tout compris, tout noté, parce qu'il s'y est attendri, parce qu'il a comparé les minutes de la vie humaine aux minutes de la vie éternelle, qui se recommencent pendant des siècles et des siècles, sans les artifices mensongers des villes. O les campagnes de Cazin ? O les heures douces de repos et de recueillement qu'il a inscrites dans son œuvre ! O ces poèmes de couleurs, qui chantent aux yeux de tout leur euchromatisme exactement observé, qui chantent au cœur de toute leur émotivité vécue !

Avec sa sensibilité si mobile, Cazin, lorsqu'il prenait la figure humaine, devait chercher celle qui s'harmoniserait le mieux avec le mode de son paysage : il prit les figures de l'Ancien et du Nouveau Testament ; — telle la Vierge dans *la Fuite en Égypte*, plus loin décrite, — il y trouvait les types généralisés des vicissitudes terrestres ; c'étaient les humbles qu'il savait replacer dans le cadre de leur géhenne éternelle, de leur éternelle angoisse. Il ne s'est pas embarrassé d'un effort archéologique : hommes, il les a demandés à l'humanité, non à l'histoire, et il nous les montre vrais, vivants, pleins des passions qui les ont agités, qui les agitent toujours dans les livres sacrés, et qui en font des acteurs actuels incessamment dans la bible de l'humanité. Qu'importent les noms ? A travers les âges, ils sont toujours les mêmes, hautainement esclaves des servitudes d'ici-bas ; et ce sont eux, ainsi compris, que Cazin, penseur profond, a réintégrés, — je ne dis pas ressuscités — dans l'ambiance où ils n'avaient cessé de vivre. Au point de vue de la technique même, Cazin ne s'impose pas à notre admiration seulement par ses tableaux, mais aussi par ses préparations de tableaux et par ses dessins, où se révèle une étude à la fois savante et libre, toujours forte et originale.

Il faut les regarder attentivement, ces œuvres de Cazin, si bien choisies, tableaux, préparations et dessins dont quelques-uns sont vraiment des chefs-d'œuvre ; on sent, à l'impression vibrante qu'ils provoquent, pourquoi Cazin est bien de ceux qui, dans le dernier quart du XIXe siècle, ont le mieux mérité de l'art français.

CAZIN

N° 9

Château-Rouge.

A la lisière d'un bois, le long de la route, on a amené les troncs d'arbres abattus, déjà débités en bille. Sur la route, à droite, une paysanne s'éloigne, poussant une brouette. Son profil se dessine sous un petit bonnet blanc, et le gris passé de son caraco tranche sur le ton de sa jupe brune. A gauche, le Château-Rouge, l'humble construction peinte en blanc et rouge, sous sa coiffure de tuiles, et accolée à une masure aux crépis fouettés par les averses. Plus loin, vers la droite, une bicoque en briques et torchis, autour de laquelle s'élèvent de grands arbres aux panaches balancés, et, plus loin encore, les futaies et les arbres du bois. Au premier plan, à gauche, près des troncs qu'on a roulés sur les herbes folles, du côté de la route, un charpentier est à sa besogne, tandis que, grimpé sur une échelle, accroché au faîte du toit, un couvreur remet de l'ordre dans les tuiles disjointes. Le ciel est encore embrumé, mais on devine, au pâle rayon de soleil qui caresse le mur, que l'azur va bientôt paraître. Les nuées flottent encore pour permettre simplement à la lune de disparaître dans le jour qui monte.

Signé à gauche, en bas : *J.-C. Cazin.*

Toile. Haut., 1 m. 07 ; larg., 1 m. 25.

CAZIN

25 000
Petit

N° 10

La Fuite en Égypte.

Un sol mouvementé : des herbes rudes et, dans le fond, des collines aux flancs desquelles des sentiers sont tracés. A droite, la Vierge, portant l'Enfant Jésus, laisse aller son âne qui broute : elle est vêtue d'une limousine brune, qui tombe sur le tapis rouge foncé de la selle. Plus loin, saint Joseph, sa besace sur le dos et peinant de la longue marche épuisante. La Vierge est vue de dos, la tête tournée de profil à gauche. Autour des trois figures, l'auréole symbolique dessine son disque d'or. Le ciel est gris, quelques oiseaux le ponctuent de leur vol rapide. Il y a dans cette œuvre ce grand sentiment d'humanité que Cazin fait s'épanouir en ses pages bibliques. Ce ne sont plus des personnages qui passent. C'est la gehenne d'ici-bas qui poursuit sa marche à travers les siècles.....

Signé à gauche, en bas : *J.-C. Cazin, 1877.*

Toile. Haut., 98 cent.; larg., 1 m. 30.

CAZIN

N° 11

Route Louis XV.

A gauche, la route qui s'étend en suivant les vallonnements du sol. Elle est bordée, à gauche par la forêt, à droite par des champs en remblais, le long desquels s'alignent de grands arbres. Dans les premiers plans, à l'endroit où un chemin coupe la route, un homme s'avance, foulant de son pied lourd et las les herbes rares. Il est vêtu d'un pantalon brun et d'une vieille jaquette grise. Il est coiffé d'une casquette et porte sous le coude gauche, suspendue par une courroie à l'épaule, un boîte d'outils. C'est le chemineau qui s'en va de hameau en hameau, cherchant, pour des heures de travail incertaines, les ressources de sa misère certaine. A gauche, dans le ciel ennuagé, s'allume le croissant de la lune. A droite, au-dessus de l'horizon où s'indiquent des massifs d'arbres, les dernières lueurs du soleil couché dessinent dans les nuées sombres de chaudes clartés.

Signé à gauche, en bas : *J.-C. Cazin.*

Toile. Haut., 95 cent.; larg., 97 cent.

CAZIN

N° 12

Le Zuiderzée en Hollande.

Au premier plan, un chemin tracé dans l'herbe rude et bordé par une rangée de briques ; puis de l'eau, de l'eau transparente et limpide, qui s'étend jusqu'à l'horizon en nappe frissonnante. Trois barques à voiles y évoluent sous un ciel mouvementé où s'allument des clartés fauves. A droite, sur la rive opposée, un sol herbeux dessinant un coude, et à la surface plate duquel, parmi des massifs d'arbres, sont construites des maisonnettes coiffées de tuiles rouges. Leurs reflets se mêlent aux reflets du ciel et semblent s'enfoncer dans l'eau.

Signé à gauche, en bas : *J.-C. Cazin.*

Toile. Haut., 55 cent. 1/2 ; larg., 46 cent.

CAZIN

N° 13

Le Soir sur la falaise.

Le soir descend : seules les parties hautes du ciel demeurent éclairées. Au-dessus de l'horizon, qui semble plonger dans la mer bleue, de grands nuages passent. Au premier plan, dominant la falaise et blotties dans un déblai de sol aux roches vêtues de mousses, les maisonnettes apparaissent basses sous leurs toitures de tuiles brunes. Nul être vivant n'apparaît. Le silence et le recueillement partout. Seul le vent qui passe doit gémir, le vent qui balance au loin, sur la mer, une barque à voiles apparue comme un oiseau de nuit.

Signé à droite, en bas : *J.-C. Cazin.*

Toile. Haut., 41 cent.; larg., 32 cent. 1/2.

CAZIN

N° 14

Au delà de Zaandam.

Une plaine qui s'étend au loin, et au-dessus de laquelle plane un vaste ciel tout agité de nuées grises et rosées. Les premiers plans sont traversés par une rivière, au bord de laquelle une vache noire est en train de se désaltérer. A droite, un bouquet d'arbres est planté au bord de l'eau. Vers la gauche, des moulins se dressent, ayant à leur base des maisonnettes coiffées de tuiles rouges. Entre les deux moulins les plus rapprochés, une ligne de lumière blonde rampe sur le sol aux herbes fauchées.

Signé à gauche, en bas : *J.-C. Cazin.*

Toile. Haut., 60 cent.; larg., 73 cent.

CAZIN

N° 15

L'Abreuvoir.

C'est vers la fin du jour : le soleil disparu embrase de reflets roses les nuées qui s'envolent au devant du ciel clair, et sur les murs des maisonnettes alignées au bord de la route, quelques rayons glissent encore. Au premier plan, à gauche, l'abreuvoir offre son miroir profond aux jeux de deux canards. A l'extrémité, un ouvrage d'art en pierres et ciment s'arrondit en demi-cercle, et les gens du pays y viennent prendre le frais. A droite, un chemineau est assis sur un garde-fou de pierre, au pied duquel descend une rampe. Au fond, passe la route, bordée, d'un côté, par les petites maisons aux toitures de tuiles rouges ou brunes et, de l'autre, par un mur, au-dessus duquel s'élancent les frondaisons d'un arbre. A droite, au fond, une porte de ferme, ouverte.

Signé à droite, en bas : *J.-C. Cazin.*

Toile. Haut., 80 cent.; larg., 1 mètre.

CAZIN

N° 16

Mont Saint-Frieux, près d'Equihen.

Au premier plan, entre de grandes herbes, une mare vers laquelle descend un terrain en pente douce, puis un talus verdoyant au-dessus duquel serpente un sentier qui s'en va tournant vers la droite. Au fond, sous un ciel où de grands nuages transparents sont balayés par le vent, le terrain dessine des monticules au sol parfois chauve de verdure. A droite, à l'endroit où le sentier tourne, une route passe, bordée de chaque côté de grands arbres aux frondaisons déjà brûlées par le soleil d'été.

C'est le calme, c'est le recueillement de la nature heureuse, épanouie ; seuls, vivants et agités dans cette harmonie claire, des oiseaux traversent le ciel.

Signé à gauche, en bas : *J.-C. Cazin.*

Toile. Haut., 66 cent. 1/2 ; larg., 80 cent. 1/2.

CAZIN

N° 17

Vieille tour espagnole en Flandre.

Nuit d'été, nuit étoilée, avec de grands nuages qui fuient rapides dans l'infini. Au fond, les maisons construites au bord de l'eau et dans l'eau, qui occupe les premiers plans, de profonds reflets frissonnants. Vers la droite, des fenêtres sont éclairées. Plus à droite encore, une petite lumière brille derrière un carreau.

Une grande lumière lunaire illumine, dans cette ombre, une antique construction en forme de tour.

Signé à gauche, en bas : *J.-C. Cazin.*

Toile. Haut., 38 cent.; larg., 46 cent.

CAZIN

N° 18

Le Hameau sur la falaise.

A droite, émergeant du creux de la falaise, les toitures des maisons du hameau. A gauche, le sol herbeux, et, à l'horizon, sous le ciel largement ennuagé et marqué d'une lueur de feu, la mer, la mer immense, sur le flot de laquelle se balancent quelques barques de pêcheurs.

Signé à gauche, en bas : *J.-C. Cazin.*

Toile. Haut., 33 cent. ; larg., 41 cent.

CAZIN

N° 19

Zaandam.

Au premier plan, à gauche, l'eau coule claire, transparente, pleine des reflets du ciel et du sol ; à droite, de l'autre côté d'une cabane de pêcheurs, un bois s'avance jusqu'au bord de l'eau. Les arbres ont des frondaisons légères, dont l'harmonie chante sous un ciel embrasé par les feux du soleil couchant. Plus loin que le bois, en suivant la rive, et dominant les toitures de tuiles rouges de quelques maisonnettes, un moulin se dresse.

Signé à gauche, en bas : *J.-C. Cazin.*

Toile. Haut., 50 cent. ; larg., 60 cent.

CAZIN

N° 20

La Lecture.

A la porte de la chaumière, une jeune femme s'est assise sur le sol et, se servant d'un revers de talus en guise de pupitre, elle lit. Autour d'elle, des arbres et des herbes fleuries.

Signé à gauche, en bas : *J.-C. Cazin.*

Toile. Haut., 36 cent.; larg., 27 cent. 1/2.

CAZIN

N° 21

Venise.

Un coin de canal, le soir. La lune, qui allume son croissant dans le ciel assombri, promène des reflets pâles sur le mur d'un palais et à la surface de l'eau. A gauche, le long du palais, les pilotis d'amarre des gondoles. Quelques lanternes bariolées indiquent sur le canal des promenades de plaisance, tandis qu'au fond, dans la pénombre, l'autre rive du canal aligne ses constructions.

Signé à droite, en bas : *J.-C. Cazin.*

Toile. Haut., 46 cent.; larg., 36 cent. 1/2.

CAZIN

N° 22

Une Ferme aux environs d'Anvers.

Au premier plan, un carré de choux, où des paysannes sont au travail. Vers la droite, un champ où le faucheur a passé et sur le sol duquel on a dressé et aligné des dizeaux. Au fond, blotties parmi les arbres, dont les panaches se balancent sous le ciel clair, les fermes, diversement orientées, apparaissent coiffées de tuiles rouges ou brunes. Un dernier rayon de soleil vient ramper sur le sol, sur les toits et sur les frondaisons, tandis que dans la nuée transparente la lune dessine son croissant argenté.

Signé à droite, en bas : *J.-C. Cazin.*

Toile. Haut., 36 cent.; larg., 56 cent.

CAZIN

N° 23

Soleil couché à Equihen.

Du haut de la falaise, dont le versant s'enveloppe d'ombres, on aperçoit, au loin, la mer calme, à la surface de laquelle se balancent quelques barques à voiles. Au-dessus de l'horizon, plus haut qu'un large ruban de nuages sombres, le ciel apparait tout illuminé des tardives lueurs du soleil disparu.

Signé à droite, en bas : *C. Cazin.*

Toile. Haut., 45 cent.; larg., 55 cent.

CAZIN

N° 24

Le Nuage.

Le sol vallonné est hérissé de hautes herbes battues par le vent. Au fond, à droite, on aperçoit la vallée boisée. Puis, au-devant du ciel clair, ce sont d'immenses nuées blanches et fauves qui roulent, laissant à découvert, vers la gauche, un pan d'azur.

Signé à droite, en bas : *J.-C. Cazin.*

Toile. Haut., 28 cent.; larg., 27 cent. 1/2.

CAZIN

N° 25

Le Soir.

Les collines entourent un étang où vont se désaltérer les vaches. Au-dessus des collines, le ciel bleu plane derrière les transparences blondes et rousses de nuées, tandis que la lune émerge, disque d'argent, de blancheurs agitées.

Signé à gauche, en bas : *J.-C. Cazin.*

Toile. Haut., 1[illegible] cent.; larg., 22 cent.

CAZIN

N° 26

Hameau au bord de la mer.

A droite, dominant la falaise, les maisons du hameau. A gauche, la mer qui s'étend jusqu'à l'horizon et balance une barque à voiles : le ciel est gris avec de larges traînées fauves.

Signé à droite, en bas : *J.-C. Cazin.*

Panneau. Haut., 22 cent.; larg., 32 cent.

CAZIN

Nº 27

La Plaine d'Arbonne.

Les champs labourés, puis des plants de choux. Au premier plan, à droite, une paysanne suit le bord du sillon. Plus loin, vers la gauche, travaillant dans le plant des choux, une autre paysanne, le corps plié en deux. Plus loin encore, une meule. A droite, au fond, une meule sur un rideau de bois. Et au-dessus de cette plaine, un ciel immense, au-devant duquel les nuages jouent leur plus belle féerie.

Signé à gauche, en bas : *J.-C. Cazin.*

Panneau. Haut., 32 cent.; larg., 40 cent.

CAZIN

Nº 28

La Route.

A gauche, derrière un massif d'arbres, les maisons d'une ferme en bordure de la route qui tourne. Au premier plan, la route où le passage des fardiers a creusé des sillons. A droite, d'autres arbres encadrant d'autres maisons. Dans le ciel où planent de claires nuées, une étoile allume son clou d'or.

Signé à gauche, en bas : *J.-C. Cazin, 1899.*

Préparation pour un tableau.

Toile. Haut., 73 cent.; larg., 90 cent.

COROT

Pas vendu

N° 29

Le Temple de la Sibylle, à Rome.

Sur le ciel clair où courent de légers nuages blancs, le temple de la Sibylle dresse son architecture élégante. Au fond, on aperçoit, à droite, un massif de verdure ; à gauche, le clocher carré d'une église.

Signé à gauche, en bas : *Corot, 1836.*

Toile. Haut., 37 cent.; larg., 26 cent.

CONDER

N° 30

290

Lac d'Écosse.

Haine et Simonson

Signé à droite, en bas : *Conder, 1899.*

Toile. Haut., 64 cent.; larg., 75 cent.

DAGNAN-BOUVERET

Les œuvres de Dagnan-Bouveret qui sont plus loin cataloguées offrent à l'attention des connaisseurs une des faces les plus séduisantes du talent du maître. Ses grandes toiles : *la Vierge, les Disciples à Emmaüs, la Cène, le Départ des conscrits*, et tant d'autres, ont montré le peintre dans sa recherche de composition et dans son souci d'exprimer complètement des idées complexes. Dans ses portraits, qui contribuèrent si justement à établir sa réputation, il s'est acquitté, en coloriste distingué et en psychologue, de cette rude besogne qu'est la représentation de contemporains, qui ne pratiquent pas toujours le « Connais-toi toi-même » du philosophe grec, et imaginent d'eux des images de légende contre lesquels la conscience d'un artiste se voit obligée de combattre avec tact et courtoisie.

Mais dans ses petits tableaux, dans les morceaux d'art qu'il a exécutés au hasard de l'inspiration, en pleine liberté de pensée et en pleine joie de peindre, il y a une émotion de plus. Ces œuvres-là nous permettent de mieux comprendre l'art robuste et sain de M. Dagnan-Bouveret. Ses simples figures des champs nous apparaissent dans leur grâce naturelle, sous l'air qui vibre, avec cette vérité, affranchie de toute complication, qui est si près de la simplicité religieuse des évocations bibliques. Leur geste humain, qui n'a plus pour mission que de traduire la vie humaine, avec ce que la nature y a mis de beauté, nous arrête et nous amène à les contempler; plus de symbole qui nous incline à la méditation et nous contraigne à un effort d'analyse, pour en avoir la compréhension essentielle; plus d'éléments sociaux, qui nous empêchent de séparer complètement la tâche de l'art du modèle qui s'est imposé à son interprétation ;

nous sommes introduits dans l'intimité d'une âme qui observe, qui écoute sa sensibilité, d'un tempérament qui se livre, d'une vision qui se plaît à de claires transpositions de tons et de valeurs, et nous sommes heureux des mêmes joies que connut l'artiste, alors qu'il concevait et exécutait ces morceaux d'anthologie, sortes de préludes à de plus amples symphonies.

DAGNAN-BOUVERET

N° 31

A la fontaine.

Au bas de la maison, la fontaine dresse sa stèle de pierre et son auge. Sous le robinet, une jeune fille a placé sa cruche en terre vernissée verte et elle cause avec des femmes, l'une assise, deux autres debout, qui attendent leur tour de prendre de l'eau. Elles sont vêtues d'un costume pittoresque : tablier à bavette, corsage noir, guimpe et coiffe blanches. A droite, au bas d'un escalier, une vieille femme est assise, le menton dans la main gauche, la main droite aux doigts ankylosés abandonnée sur le genou ; près d'elle, elle a posé son bâton. Et tandis qu'au bruit de la fontaine elle entend se mêler le babillage espiègle des filles, elle réfléchit, elle songe, elle se souvient..... Au haut de l'escalier, par une porte entr'ouverte, un chat tacheté de blanc vient flairer le vent. A gauche, en haut, sur le rebord d'une fenêtre, un pot de fleurs attend le prochain rayon du soleil. Derrière les figures, le mur se dresse, torchis et pierre aux fissures duquel se sont accrochées des mousses parasites.

Signé à gauche, en bas : *P.-A.-I. Dagnan-B., 1903.*

Toile. Haut., 59 cent.; larg., 45 cent.

DAGNAN-BOUVERET

N° 32

Bretonne.

Elle est vue presque de face, debout jusqu'à mi-jambes. Elle est adossée à une haie. Son bras droit pend naturellement ; le bras gauche est ployé sur la haie et la main tient une branche de genêt. Elle est vêtue d'un tablier à rayures blanches et à bavette sur son corsage noir, d'une guimpe blanche et d'une coiffe de même couleur. Derrière elle, de l'autre côté de la haie, on aperçoit un champ traversé par une rivière, puis, à l'horizon, une colline sous un ciel gris.

Signé à droite, vers le bas : *P.-A.-I. Dagnan-B., 1893.*

Ce tableau a été gravé par Ch. Waltner.

Toile. Haut., 65 cent. ; larg., 47 cent.

DAGNAN-BOUVERET

N° 33

La Gardeuse de vache.

Dans un pré aux herbes vertes, qui s'étend jusqu'à l'horizon, sous un ciel gris, une paysanne, vêtue d'un jupon brun et protégeant sa tête sous les plis de sa jupe bleu foncé relevée, où elle s'encapuchonne à l'aide de la main gauche, tient de la main droite la longe de sa vache grise qui broute : la bête renifle de son museau l'herbe mouillée et se bat les flancs de sa queue.

Signé à droite, en bas : *P.-A.-I. Dagnan-B., Demoy.*

Toile. Haut., 96 cent. ; larg., 91 cent.

DAGNAN-BOUVERET

N° 34

Une Rue à Alger.

Signé à gauche, en bas : *J. Dagnan-B.*
Daté à droite, en bas : *Alger, 1888.*

Toile. Haut., 4. cent.; larg., 26 cent.

DELASALLE

N° 35

Les Vieilles maisons au bord du canal, à Rotterdam.

Signé à gauche, en bas : *H. Delasalle.*

Panneau. Haut., 19 cent., larg., 26 cent.

DELASALLE

N° 36

La Seine à Paris.

Toile. Haut., 54 cent.; larg., 80 cent.

DELASALLE

N° 37

Lever de lune.

Toile. Haut., 60 cent.; larg., 85 cent.

DELASALLE

Nº 38

Bords de canal (Amsterdam).

Signé à gauche, en bas : *A. Delasalle.*

Panneau. Haut., 24 cent. 1/2; larg., 30 cent. 1/2.

DIAZ

Nº 39

Clairière dans la forêt.

Les grands arbres s'écartent et laissent le bon soleil dorer le sol tout vêtu d'herbes. Sur les écorces luisantes et rudes, des traînées de lumière blondissent. Entre les frondaisons balancées, on aperçoit de place en place l'azur du ciel radieux. Au premier plan, une petite mare offre son clair miroir aux reflets qui s'y veulent baigner.

Signé à gauche, en bas : *N. Diaz.*

Panneau. Haut., 15 cent.; larg., 22 cent.

EDELFELT

Nº 40

En barque.

Signé à droite, en bas : *A. Edelfelt.*

Toile. Haut., 45 cent.; larg., 42 cent.

FANTIN-LATOUR

Nº 41

Pensées.

Sur une table, on a posé, près d'une branche de pommes d'api, une bourriche et deux petits pots de pensées.

Signé à droite, en haut : *Fantin, 74.*

Toile. Haut., 47 cent.; larg., 55 cent.

FRIANT

Beaucoup se tiennent pour suffisamment renseignés quand ils entendent dire que M. Friant a suivi la voie inaugurée par Bastien-Lepage. Encore que cette proposition ne soit pas parfaitement exacte, il y a dans l'art de M. Friant des qualités qui lui sont absolument personnelles, et dont il a donné, il y a longtemps, la mesure, en son célèbre tableau, *la Toussaint,* aujourd'hui au musée du Luxembourg.

M. Friant est un peintre précis, dont le métier va jusqu'à l'habileté, sans cependant se priver du charme que donne à l'expression une facture large. S'il place bien ses figures dans l'atmosphère qui leur convient, et qui les peut mettre en relief, s'il leur donne l'accent qu'elles doivent avoir dans l'équilibre de la composition, il les établit, quant au dessin, avec une exactitude telle, qu'il épargne au spectateur le moindre effort d'imagination, pour en continuer l'expression et en dégager le sens. Et c'est là la caractéristique de la manière de M. Friant. Pour atteindre à cette écriture de sa pensée, déterminée sans sécheresse, il en a concentré la formule et il est arrivé à traduire sa vision incisive aussi complètement et aussi parfaitement qu'il est possible à de la couleur de le faire. C'est de la vérité spontanée, instantanée, qu'il nous montre : la vie ne se présente pas dans son œuvre comme un flottement : elle n'est pas une apparence : elle est un aspect réel.

Les tableaux de lui, qui sont plus loin décrits, en témoignent amplement, et ils s'imposent à l'attention des amateurs par la vigueur de leur euchromatisme, et la haute probité d'art de celui qui les a signés.

FRIANT

N° 42

Les Pommes de terre.

Dans un intérieur ouvrier, la ménagère, vue de profil à droite, apporte sur la table un plat de pommes de terre. A droite, deux jeunes filles assises, en caraco rouge, et une gamine, également assise de l'autre côté de la table au fond, regardent les légumes avec un air de convoitise. Au premier plan, une fillette, appuyée contre sa grande sœur, espère sa part du régal. A gauche, un homme, une main sur la table, tourne la tête et repose le coquemart dans lequel les pommes de terre ont été cuites. Les figures se détachent sur le fond gris du mur, auquel on voit suspendus quelques oignons et une cage à oiseaux.

Signé à gauche, en bas : *E. Friant, 94.*

Panneau. Haut., 50 cent.; larg., 38 cent.

FRIANT

N° 43

En barque.

Au bord du lac, des roches se dressent majestueuses et sauvages et voici que passe une barque à voile. Une jeune femme est assise à la barre. Elle est vêtue de blanc, élégante et fine ; à ses pieds, un homme jeune est assis et rêve.

Signé à droite, en bas : *E. Friant, 1895.*

Panneau. Haut., 50 cent.; larg., 61 cent.

FRIANT

N° 44

Le Dernier jour d'un condamné.

Dans la cellule, l'homme qui va mourir est assis, la tête écroulée sur la poitrine; devant lui, un vieux prêtre, qui vient de dire la messe, dessine de sa main droite un geste d'absolution; près du prêtre, un enfant de chœur regarde, ému, cette scène tragique. Dans le fond, la foule des assistants. Au premier plan, à droite, les gardiens et les gens du greffe.

Signé à droite, en bas : *E. Friant, 1900.*

Panneau. Haut., 40 cent.; larg., 61 cent.

FRIANT

N° 45

Le Mendiant.

A l'entrée d'une église, près d'un pilier dont la pierre est sculptée, un mendiant est assis. Il est vu de trois quarts à gauche et sommeille, la tête protégée par un vieux capuchon. Près de lui son chien est assis. A gauche, par le porche ouvert, on aperçoit le sanctuaire dont les fenêtres en ogive sont garnies de vitraux, et, dans le sanctuaire, deux figures enveloppées d'ombre qui prient au pied de l'autel.

Signé à droite, en haut : *Friant, 87.*

Toile. Haut., 65 cent.; larg., 47 cent. 1/2.

FRIANT

N° 46

Dans la grotte.

Au premier plan, le sol crayeux d'une ancienne carrière. Au fond, une muraille de roches où se creuse une grotte. A l'entrée de l'excavation, un pauvre homme s'est assis, la tête grave, les mains jointes.

Signé à droite, en bas : *E. Friant, 90.*

Panneau. Haut., 29 cent.; larg., 55 cent.

FRIANT

N° 47

Aux environs de Tunis.

A gauche, à l'ombre, dans une chambre de verdure, deux jeunes enfants causent et rient. L'un est assis sur un banc de pierre, l'autre est debout; à droite, on aperçoit des champs cultivés, puis une montagne que dominent des constructions blanches, sous un ciel bleu tendre.

Signé à gauche, en bas : *E. Friant, 87.*

Toile. Haut., 45 cent.; larg., 52 cent.

FRIANT

N° 48

Le Souk des tailleurs, à Tunis.

Au premier plan, c'est la ruelle : un homme y passe, conduisant un chien blanc : un autre vient d'arrêter son âne et remplit une corbeille d'oranges qu'il puise dans les sacs suspendus au bât. Dans le fond apparaissent en perspective les logettes où les tailleurs sont accroupis et travaillent. La note rouge des fez chante, assourdie, sur le plâtre des murs.

Signé à gauche, en bas : *E. Friant, 87.*

Toile. Haut., 45 cent.; larg., 55 cent.

FRIANT

N° 49

Le Forum.

Signé à gauche, en bas : *E. Friant.*

Toile. Haut., 45 cent. 1/2 ; larg., 53 cent..

FRIANT

N° 50

Tolède.

Signé à droite, en bas : *E. Friant, 91.*

Toile. Haut., 38 cent. 1/2 ; larg., 54 cent. 1/2.

FRIANT

N° 51

Sous le hangar.

En passant devant le hangar, les deux fillettes se détournent et sourient au jeune homme qui est debout, en train de fumer sa cigarette, et qui se laisse regarder avec une fatuité non dissimulée. Au fond, de l'autre côté d'un fleuve au bord duquel sont amarrés des chalands, on aperçoit les constructions d'une petite ville.

Signé à droite, en bas : *E. Friant, 88.*

Panneau. Haut., 24 cent. ; larg., 31 cent.

FRIANT

N° 52

Le Déjeuner du matin.

La fillette est assise à table, un grand bol devant elle, et, tandis qu'elle déjeune, maniant sa cuiller de la main droite, elle repasse sa leçon de géographie en suivant de la main gauche sur la carte étalée devant elle.

Signé à gauche, en haut : *E. Friant.*

Panneau. Haut., 24 cent. 1/2 ; larg., 17 cent. 1/2.

FRIANT

N° 53

La Jeune fille aux canards.

Signé à droite, en bas : *E. Friant, 1895.*

Panneau. Haut., 25 cent. 1/2 ; larg., 17 cent. 1/2.

GIRARDOT

(L.-A.)

N° 54

Vieilles fortifications à Tanger.

A gauche et au premier plan, les constructions avec leurs terrasses. A droite, au fond, la mer. Sur une terrasse, au premier plan, à droite, une jeune femme inclinée, regardant les embarcations qui sont à sec sur la plage.

Signé à droite, en bas : *L.-A. Girardot, Tanger, 1888.*

Toile. Haut., 31 cent. ; larg., 81 cent.

Salon de la Société nationale, 1890.

HELLEU

Nº 55

L'Étoile.

Signé en bas, vers la droite : *Helleu.*

Toile. Haut., 78 cent.; larg., 64 cent. 1/2.

KÜHL

Nº 56

Le Nettoyage des cuves.

Toile. Haut., 1 m. 12 ; larg., 75 cent.

LEBOURG

Nº 57

La Rentrée au port.

Signé à droite, en bas : *Albert Lebourg.*

Toile. Haut., 40 cent.; larg., 65 cent.

LEBOURG

Nº 58

Bords de rivière.

Signé à droite, en bas : *A. Lebourg.*

Toile. Haut., 50 cent.; larg., 74 cent.

LE SIDANER

N° 59

Le Chien.

A la campagne : un coin d'ombre devant la maison aux fenêtres closes, les volets ouverts. A droite, un massif d'arbres aux frondaisons épaisses, qui laissent cependant filtrer le soleil, accroché en papillons d'or aux feuilles ou sur le sol. A l'ombre des massifs d'arbres, un banc de bois peint en gris. Au pied du banc, calme, l'œil ouvert cependant, un chien noir est couché, la tête allongée sur le sol : il goûte un repos béat, la patte droite de devant légèrement allongée : il s'abandonne, il est heureux, mais le mouvement de ses oreilles relevées indique qu'il veille.

Signé à droite, en bas : *Le Sidaner.*

Toile. Haut., 65 cent.; larg., 81 cent.

LE SIDANER

N° 60

L'Écluse.

Au premier plan, à gauche, le sol en pente, qui descend vers la berge. Du même côté, au fond, une maison un peu en retrait de la route. Au fond, dominant les travaux d'art et la passerelle de l'écluse, des arbres aux frondaisons blondes. Au premier plan, à droite, l'eau courante à la surface de laquelle frissonnent de clairs reflets.

Signé à droite, en bas : *Le Sidaner.*

Toile. Haut., 55 cent.; larg., 73 cent.

LE SIDANER

N° 61

Le Canal.

Le soir : les maisons qui longent le canal, éclairées à l'extérieur par les derniers reflets du soleil et à l'intérieur des boutiques par les becs de gaz qui rutilent derrière les vitres.

Signé à gauche, en bas : *Le Sidaner.*

Pastel. Haut., 72 cent.; larg., 59 cent.

LUIGI-LOIR

N° 62

Les Boulevards, le soir.

Signé à droite, en bas : *Loir-Luigi, 1883.*

Toile. Haut., 38 cent.; larg., 55 cent.

MUENIER

N° 63

Villefranche.

Derrière le rideau des pins parasols, on aperçoit la baie aux eaux lumineuses et les maisons élevées sur le bord et abritées par des collines. Dans le ciel, de belles traînées chaudes.

Signé à droite, en bas : *J.-A. Muenier, 1893.*

Toile. Haut., 63 cent. 1/2; larg., 75 cent.

MUENIER

N° 64

Le Pont de Couvelon (Haute-Loire).

A droite, le pont de pierres aux arches dorées par le soleil ; à gauche, le cours d'eau vers lequel se dirigent, en suivant une pente douce, quelques ruminants conduits par une paysanne. Au fond, les maisons d'un village, blotties parmi des massifs d'arbres.

Signé à gauche, en bas : *J.-A. Muenier, 1893.*

Toile. Haut., 64 cent.; larg., 76 cent.

MUENIER

N° 65

L'Épervier.

L'homme vient de tirer son épervier sur le gazon, au bord de la rivière : il se tient debout, tandis que deux gamins débarrassent les mailles des poissons qui frétillent, mettant des reflets de nacre mouvants parmi les cordes humides. Sur la rive opposée et plus loin qu'un champ, on aperçoit, derrière un rideau de branches, les maisons d'un hameau, coiffées de tuiles rouges.

Signé à droite, en bas : *J.-A. Muenier, 1898.*

Toile. Haut., 37 cent.; larg., 45 cent.

MUENIER

N° 66

Le Petit pont.

Au premier plan, à droite, la route qui traverse le petit pont de pierres. Sur la route s'avance un vieux colporteur. Sur la gauche de la route, le terrain herbeux descend en pente douce jusqu'à la rivière.

De l'autre côté du pont, des coteaux dont le sol est marqué par la géométrie des cultures. Au sommet, des massifs d'arbres et, plus haut, le ciel tout illuminé du soir qui descend.

Signé à gauche, en bas : *Muenier, mars 1899.*

Toile. Haut., 65 cent.; larg., 81 cent.

MUENIER

N° 67

Petite fille assise au bord de l'eau.

Signé à gauche, en bas : *J.-A. Muenier, 93.*

Toile. Haut, 12 cent. 1/2; larg., 18 cent.

DE NITTIS

N° 68

Automne.

Signé à gauche, vers le bas : *De Nittis.*

Toile. Haut., 63 cent.; larg., 41 cent.

PICARD

(LOUIS)

N° 69

La Femme aux cheveux roux.

Signé à droite, en haut : *Louis Picard.*

Toile. Haut., 41 cent.; larg., 27 cent. 1/2.

PICARD

(LOUIS)

N° 70

Étude de femme debout.

Signé à droite, en haut : *Louis Picard.*

Panneau. Haut., 25 cent. 1/2; larg., 18 cent. 1/2.

ROLL

N° 71

Coucher de soleil.

Signé à droite, en bas : *Roll.*

Toile. Haut., 56 cent.; larg., 80 cent.

ROUSSEAU

(PHILIPPE)

N° 72

Après la chasse.

Signé à gauche, en bas : *Ph. Rousseau.*

Panneau. Haut., 16 cent. 1/2; larg., 31 cent. 1/2.

ROUSSEAU

(PHILIPPE)

1.400
à Berne Bellecour

N° 73

La Cornemuse.

Signé à gauche, en bas : *Philippe Rousseau, 77.*

Toile. Haut., 55 cent.; larg., 80 cent.

TADEMA

(ALMA)

8.000
à Knoedler

N° 74

Le Poète Gallus.

Il est debout sur une terrasse, appuyé le dos contre un balcon de marbre blanc ; ses pieds portent sur un sol dallé de marbre rouge. Il est vêtu d'une aube blanche, retenue à la ceinture par une étoffe de soie verte à broderie blanche. Derrière lui, la mer s'étend bleue et profonde. Des fleurs violettes grimpent sur le balcon. Et, dans la clameur vague de l'infini, il rêve, il songe, ses cheveux noirs soulevés par le vent, et sa tête inclinée se pose sur la main gauche relevée.

Signé à gauche, en bas : *L. Alma Tadema, OP. CCCXIV.*

Panneau. Haut., 24 cent.; larg., 16 cent. 1/2.

TADEMA

(ALMA)

N° 75

Bacchis rêve.

Sur le banc de marbre blanc qui domine la mer, Bacchis s'est assise; ses bras sortent nus de son peplum sombre; sa main droite tient une fleur cueillie en passant; sa tête, grisée d'air, se renverse. Ses cheveux roux sont enserrés dans une coiffe violette. Elle écoute passer dans le vent qui souffle des paroles vagues qui la ravissent; derrière elle, en haut de la falaise qui domine la mer, les temples des dieux dressent leur architecture savante. Mais qu'importe à Bacchis les mystères divins. Dans ce cadre de nature, elle ne songe qu'à des joies humaines, et son regard se mouille d'une émotion sensuelle.

Signé en bas, au milieu : *Alma Tadema. OP. CCXLIV.*

Panneau. Haut., 23 cent.; larg., 16 cent. 1/2.

THAULOW

N° 76

La Rivière.

Entre les berges, où les saules ont reverdi, la rivière court capricieuse et gonflée par les dernières pluies. Dans l'eau, où le barrage proche creuse des remous, le ciel, doré par les derniers rayons du soleil qui se couche, met des tons jaunes et roses. Au fond, on aperçoit une maisonnette à l'entrée de la forêt qui dresse la masse sombre de ses arbres.

Signé à gauche, en bas : *Frits Thaulow.*

Toile. Haut., 60 cent.; larg., 73 cent.

Pastels

AQUARELLES — DESSINS

BESNARD

(ALBERT)

N° 77

La Femme à la colonne.

Une jeune femme debout, vue de trois quarts à gauche, adossée à une colonne. Elle a les bras qui tombent naturellement, les mains jointes. Elle est vêtue d'une jupe brune et d'un corsage noir. Ses cheveux blonds sont séparés en bandeaux sur le milieu de la tête. Elle regarde avec une attention résignée.

Aquarelle.

Signé à droite, en bas : *A. Besnard, 1887.*

Haut., 58 cent.; larg., 21 cent.

BESNARD

(ALBERT)

N° 78

La Femme à la lampe.

Accoudée sur une table éclairée par une lampe à colonne coiffée d'un large abat-jour vert, une jeune femme, en peignoir légèrement ouvert, tient de sa main droite un miroir et semble prendre plaisir à voir l'effet que produit sur sa chair chaude un collier de pierres. Son visage reçoit la lumière sur le front, le nez, la bouche aux lèvres sensuelles, le menton fin et volontaire. Dans l'ombre apparaît le casque des cheveux châtains haut relevés sur le sommet de la tête. Tout traduit dans la figure une jolie coquetterie bien féminine.

Pastel.

Signé à gauche, en haut : *Besnard.*

Haut., 60 cent.; larg., 47 cent. 1/2.

CAZIN

N° 79

La Cabane du douanier sur la falaise.

Sépia.

Signé à droite, en bas : *J.-C. Cazin.*

Haut., 20 cent.; larg., 24 cent.

CAZIN

N° 80

Château-Rouge.

Dessin au crayon.

Cette indication à gauche, en bas : *Château-Rouge, 28 sept. 1897.*

Haut., 29 cent.; larg., 38 cent.

CAZIN

N° 81

Maisons au bord de la route.

Dessin au crayon sur papier mastic.

Haut., 20 cent.; larg., 30 cent.

CAZIN

N° 82

L'Entrée du village.

Dessin au crayon.
Ce dessin porte une mise au carreau.
Signé à droite, en bas : *J.-C. Cazin.*

Haut., 29 cent.; larg., 21 cent.

CAZIN

N° 83

Le Hameau sur la falaise.

Dessin au crayon.
Signé à droite, en bas : *J.-C. C.*

Haut., 20 cent.; larg., 23 cent.

BÉTHUNE

(GASTON)

N° 84

Châteauroux.

Aquarelle.
Signé à droite, en bas : *G. Béthune. Châteauroux, 88.*

Haut., 39 cent.; larg., 56 cent.

DAGNAN-BOUVERET

N° 85

Étude.

Dessin à la sanguine.

Signé à gauche, en bas : *P.-A.-J. Dagnan.*

Haut., 31 cent.; larg., 24 cent 1/2.

DETAILLE

(ÉDOUARD)

N° 86

Le Porte-étendard.

Aquarelle.

Signé à gauche, en bas : *Édouard Detaille, 1880.*

Haut., 31 cent.; larg., 22 cent.

FORAIN

N° 87

Un dessin à la plume rehaussé de crayons de couleurs, avec cette légende :

« *Tu ne croirais pas ça : depuis que je suis veuve, j'ai été demandée 27 fois en mariage...... et rien que par des hommes avec qui j'ai marché !* »

Haut., 36 cent.; larg., 26 cent.

FORAIN

N° 88

Un dessin à la plume rehaussé de crayon bleu pour la photogravure avec cette légende :

Si je t'ai trompé?... Je t'écoute que j' t'ai trompé — et sans douleur.

Signé à droite, en bas : *J.-L. Forain.*

Haut., 30 cent.; larg., 24 cent.

LA FARGE

(JOHN)

N° 89

A Samoa.

Aquarelle.
Signé à droite, en bas : *La Farge. 1891.*

Haut., 48 cent., larg., 39 cent. 1/2.

LÉVY-DHURMER

N° 90

La Fabrication de l'huile aux environs de Tunis.

Pastel.
Signé à gauche, en bas : *L. L.-Dhurmer, 1902.*

Haut., 48 cent.; larg., 58 cent.

LEMAIRE

(MADELEINE)

N° 91

Pensées et giroflées.

Aquarelle.
Signé à droite, en bas : *Madeleine Lemaire.*

Haut., 50 cent. ; larg., 35 cent.

MORAND

(G.)

N° 92

Fleurs dans des vases.

Aquarelle.
Signé à gauche, en bas : *G. Morand, 1883.*

Haut., 48 cent. ; larg., 33 cent.

RENOUARD

N° 93

Un Marché aux bestiaux.

Dessin au crayon.
Signé à droite, en bas : *P. R.*

Haut., 27 cent. ; larg., 40 cent.

RENOUARD

N° 94

Jeux d'enfants, à Battersea Park.

Dessin au crayon.
Signé à gauche, en bas : *P. R^d.*

Haut., 35 cent.; larg., 48 cent.

RENOUARD

N° 95

Au Musée.

Dessin au crayon.
Signé à droite : *P. R.*

Haut., 52 cent.; larg., 36 cent.

THAULOW

N° 96

Gros temps.

La plage est battue par la vague, qui monte, roule, se retire, se replie, éclate, déferle, mettant dans l'air des vapeurs qui s'effacent comme des fumées de poudre. Au fond, la falaise sous un ciel orageux.

Jamais le peintre n'a mieux fait sentir la souplesse de l'eau, en même temps que le poids énorme de la masse soulevée. Nul mieux que lui n'a interprété cette splendeur incessamment variée : la mer.

Pastel.
Signé à droite, en bas : *Frits Thaulow.*

Haut., 65 cent.; larg., 80 cent.

www.ingramcontent.com/pod-product-compliance
Ingram Content Group UK Ltd.
Pitfield, Milton Keynes, MK11 3LW, UK
UKHW032005260826
14628UKWH00005B/2294

9 782329 499932